1111
24951
Paris
Corporations
Épiciers

24,951

MEMOIRE

SUR LE COMMERCE D'EAU-DE-VIE.

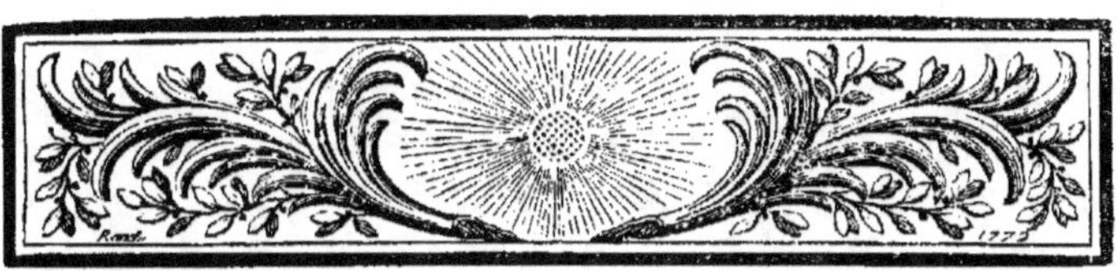

MEMOIRE

POUR les MAITRES ET GARDES DU CORPS DE L'ÉPICERIE;

Sur les fraudes qui se commettent aux entrées de Paris, les caufes de ces fraudes, & le moyen de les détruire.

Les maîtres & gardes du corps de l'épicerie, chargés par leurs fonctions de veiller à la réformation des abus & malverfations qui peuvent fe commettre, foit au préjudice du public, foit à celui des marchands, fe croient obligés de mettre au jour les manœuvres qui fe pratiquent depuis nombre d'années, au détriment du commerce; manœuvres qui confiftent à introduire dans Paris, en fraude des droits d'entrée, une partie des eaux-de-vie, qui fe confomment dans cette capitale. Ce genre de fraude eft parvenu à un tel degré, qu'il s'eft formé des compagnies fous le nom d'af-fureurs; & ces compagnies ont à leur folde des agens, dont le nombre eft fi grand, que l'on eftime à fix mille muids par an, la quantité d'eau-de-vie, que ces feuls agens font filtrer dans Paris. L'on dit filtrer, parce que ces agens entrent l'eau-de-vie pinte par pinte, & fe font feconder par des femmes, auxquelles, à la faveur de leurs vêtemens, cette fraude eft encore plus facile à pratiquer. Ce moyen n'eft pas le feul que l'on emploie; il en eft mille autres plus dif-

A

ficiles à découvrir, & conféquemment plus dangereux, tel que celui, qui réfulte de l'intelligence, entre le fraudeur & les prépofés de la ferme générale : celui-ci eft d'autant plus préjudiciable, qu'alors la fraude fe fait en grand ; & l'on a eu la preuve, que pendant des années, il entroit journellement, par certaines barrieres, des voitures chargées de pipes d'eau-de-vie, fans payer aucuns droits, fi ce n'eft celui qui étoit dû fur la marchandife qui mafquoit les pipes d'eau-de-vie.

Ces fraudes, que l'on peut dire être immenfes, operent néceffairement la ruine du commerçant qui a acquitté l'impôt, par la raifon que celui qui a fçu s'y fouftraire, baiffe le prix de fes eaux-de-vie, en proportion de l'avantage que la fraude lui donne fur le premier.

Ces fraudes font également préjudiciables à l'impôt ; mais il eft à remarquer que dans cette partie, la fraude n'eft que partielle, quant aux droits affermés à l'adjudicataire des fermes, & qu'elle eft, au contraire, totale, pour ceux dont la perception fe fait au compte du roi, ainfi que pour les octrois appartenans à la ville & aux hôpitaux. Pour l'intelligence de cette remarque, il fuffit de dire que par édit de 1686, les eaux-de-vie deftinées pour le plat pays, ont été affujetties aux droits qui fe percevoient aux entrées de Paris, & qui font ceux affermés à l'adjudicataire des fermes.

De cette explication, il réfulte que l'adjudicataire des fermes n'eft que foiblement léfé par la fraude qui fe fait aux entrées de Paris, & l'on pourroit même ajouter, que l'adjudicataire des fermes, trouve, dans les faifies que font fes commis, une indemnité qui excede de beaucoup le profit que lui donneroit le paiement exact de l'impôt fur la totalité des eaux-de-vie qui fe confomment dans Paris.

Cependant l'adjudicataire des fermes paroît fe plaindre du tort qu'il fouffre par la fraude , & il follicite auprès du gouvernement une augmentation de droits fur les eaux-de-vie deftinées pour la banlieue de Paris. Suivant le fermier, cette augmentation contribuera à la deftruction de la fraude aux entrées de Paris ; & la raifon qu'il en donne, eft qu'a-lors, les eaux-de-vie, payant un droit plus confidérable lorf-qu'elles feront deftinées pour la banlieue, cette augmenta-tion diminuera, dans la même proportion, le bénéfice que la fraude préfentoit à faire aux entrées de Paris.

Il eft aifé d'appercevoir que le projet des fermiers géné-raux ne tend qu'à augmenter leur profit perfonnel, puifque l'augmentation ne porteroit que fur les parties qui leur font affermées. Ce projet, qui greveroit les habitans de la ban-lieue, déja furchargés par l'impôt de la taille, ne pourroit même tourner à l'avantage du commerce de la capitale, qu'autant que l'on diminueroit, dans une égale proportion, les droits qui fe perçoivent aux entrées de Paris ; opération que les fermiers font bien éloignés de propofer.

Le moyen préfenté par les fermiers, loin de détruire la fraude, la favoriferoit. En effet, que réfulteroit - il d'une augmentation quelconque fur les eaux-de-vie deftinées pour la banlieue, fi ce n'eft que l'on reculeroit les bornes que la fraude a à franchir dans ce moment, & alors l'introduc-tion deviendroit d'autant plus facile, que le cercle qu'elle auroit à parcourir feroit plus grand ? D'ailleurs, plus l'im-pôt fur la marchandife deftinée pour les dehors de Paris, fera confidérable, moins le fermier général fera intéreffé à veiller à la fraude qui fe commettra aux entrées de Paris, & alors cette fraude ne grevera que les parties de la perception , étrangeres à l'adjudicataire des fermes (1).

Si les fermiers avoient été animés du defir de coopérer à l'avantage public , ils feroient convenus que la fraude a pour caufe l'excès de l'impôt , & a pour époque les changemens opérés dans la perception ; les fermiers feroient convenus que toute augmentation d'impôt fur une denrée dont la valeur eft infiniment inférieure aux droits déja fubfiftans , eft un appât de plus préfenté à la fraude.

Le projet des fermiers doit donc être rejetté comme dangereux ; & ce n'eft qu'en confultant l'hiftoire fur l'origine & le progrès du commerce des eaux-de-vie en France , & en analyfant les différens réglemens intervenus dans cette partie , que l'on parviendra à donner à connoître les véritables caufes du tort que fouffre le commerce , & que l'on découvrira les moyens de remédier à une fraude autant préjudiciable aux intérêts du gouvernement, qu'à ceux des commerçans.

L'examen dans lequel l'on va entrer, eft d'autant plus néceffaire , qu'il procurera au gouvernement le moyen de mettre le comble à fes bienfaits, pour la plus grande profpérité du commerce de la nation avec les puiffances étrangeres.

ORIGINE DU COMMERCE D'EAU-DE-VIE. RÉGLEMENS INTERVENUS.

A peine l'induftrie des habitans des pays vignobles de la France fut-elle parvenue à perfectionner l'art de convertir les vins en eau-de-vie, à peine leurs premiers fuccès furent-ils récompenfés par un débit confidérable de cette liqueur, que les fermiers, mettant à profit les premiers befoins de

---

(1) Si le projet du fermier étoit exécuté, le fermier auroit à reftituer à celui qui feroit venir de l'eau-de-vie de la banliere dans Paris, par la raifon que la portion des droits, affermés à l'adjudicataire, feroit plus forte dans la banlieue, qu'à Paris.

l'état, porterent le gouvernement à impoſer cette nouvelle branche de commerce, & par un contraſte ſingulier, le prétexte dont on colora l'impôt, fut que cette liqueur étoit nuiſible à la ſanté des citoyens.

Les droits furent modiques dans le principe, mais l'on ne tarda pas à les augmenter en proportion du débit, & à tel point, que ce même commerce, ſi floriſſant dans ſa naiſſance, qui dans des temps orageux (1) a procuré des retours conſidérables en argent, eſt, de nos jours, pour ainſi dire, réduit à la conſommation intérieure du royaume. Il y a plus, les étrangers, rebutés par le haut prix de nos eaux-de-vie, haut prix néceſſité par l'augmentation progreſſive des impôts, & les entraves miſes à la liberté de la fabrication & de l'exportation, ſe ſont attachés à la connoiſſance des procédés de la fabrication, & nous vendent actuellement, ce qu'autrefois ils achetoient de nous ; c'eſt ainſi que les fermiers ſont parvenus à opérer une double perte pour l'état, en ce qu'indépendamment de la diminution dans le produit de la vente de nos productions, (2), l'étranger nous vend à ſon tour, une denrée, que notre ſol produit avec abondance.

C'eſt principalement à une déclaration ſurpriſe au gouvernement en 1687, & à l'extenſion donnée aux diſpoſitions de cette déclaration, que l'on doit attribuer la décadence de la fabrication & du débit de nos eaux-de-vie ; par cette loi, ouvrage de l'ignorance, une opération utile

---

(1) Les tems de la ligue, la minorité de Louis XIII. *Vid. Rech. ſur les Fin.*

(2) En 1602 Henri IV écrivant à Sulli, attribuoit à la liberté accordée à l'exportation de nos grains, vins & eaux de-vie, la quantité conſidérable de piaſtres qui circuloient en France. Ce bon roi ajoutoit même, qu'il eſtimoit que les piaſtres étoient alors plus communes dans ſon royaume, qu'en Eſpagne. *Rech. ſur les Fin.*

ou commerce, a été préfentée comme une fraude; néanmoins par une inconféquence, digne des fermiers, qui en étoient les auteurs, l'on a permis aux marchands de faire, en payant, ce que l'on avoit prétendu devoir être défendu, & qui avoit fervi de prétexte à la rédaction de la nouvelle loi. C'eft-à-dire, que l'on n'avoit fuppofé des délits que pour fe ménager la faculté de les tarifer.

La déclaration de 1687 eft le premier édit qui ait établi des diftinctions entre les différens degrés de force de l'eau-de-vie : l'effet de cette déclaration a été de porter la confufion dans la perception des droits; fon exécution a donné naiffance à des conteftations fans nombre, & toujours ruineufes pour les commerçans; elle a détruit la liberté & l'économie, qui font l'ame du commerce; enfin les difpofitions de cette déclaration, ont préjudicié aux intérêts de l'état, en détruifant le commerce avec l'étranger.

Il eft certain, qu'antérieurement à la déclaration de 1687, la fabrication des eaux-de-vie de vin, n'étoit connue qu'en France, qu'alors, les étrangers s'approvifionnoient chez nous, & que leurs achats formoient la partie la plus confidérable du débit de nos eaux-de-vie.

Antérieurement encore à cette déclaration, les eaux-de-vie ne payoient qu'un droit uniforme, fans égard aux différens degrés de leur force.

De cette uniformité d'impôt, naiffoient deux avantages, l'un en faveur des confommateurs, l'autre en faveur du commerce en général.

Celui relatif aux confommateurs, réfultoit de la liberté qu'ils avoient, de s'approvifionner de marchandifes, fuivant le degré de qualité ou de force néceffaire à l'emploi qu'ils vouloient en faire, & ils étoient en même temps affurés que le prix étoit dans une proportion relative à la qualité.

Le commerce trouvoit de fon côté un avantage, en ce qu'il avoit la liberté de tirer des eaux-de-vie de la meilleure qualité, dont le moindre volume, lui procuroit des épargnes de toute efpece.

C'eft cette économie qui fut le motif des repréfentations des fermiers pour obtenir la déclaration de 1687, ils préfenterent au confeil, comme une fraude, les moyens que les commerçans employoient, pour trouver du profit à ne titer que des eaux-de-vie de la meilleure qualité, c'eft-à-dire qu'ils traveftirent en fraude une induftrie qui procuroit des bénéfices confidérables à la nation.

En accueillant ce projet, le confeil ne s'apperçut point qu'il étoit induit en erreur. En effet, par une contradiction inconcevable, la déclaration de 1687, en regardant comme une fraude l'addition d'eau que les commerçans étoient fuppofés faire aux eaux-de-vie d'une qualité fupérieure, néceffita, & même autorifa ce mélange.

Cette contradiction réfulte des différens degrés de force d'eau-de-vie, & de la gradation dans l'impôt, établis par cette déclaration,

Suivant cette diftinction, l'on voit que l'eau-de-vie qui ne payoit que le droit fimple, ne revenoit, par fuppofition, achat compris, qu'à 150 livres, tandis que l'eau-de-vie, dénommée eau-de-vie rectifiée, payoit pour droit feulement cette même fomme de 150 livres.

Or, il étoit impoffible à celui qui avoit payé le double droit, de débiter l'eau-de-vie à un prix proportionné à l'impôt (ainfi qu'il fera demontré par la fuite). Il falloit néceffairement qu'il y ajoutât une quantité d'eau fuffifante, pour la ramener au degré de celle qui n'avoit acquitté que le droit fimple ; fans cette opération, il ne pouvoit fe flatter d'en trouver le débit, ou il fe feroit volontairement foumis à une perte confidérable ; ce qui n'eft pas à préfumer.

L'on peut même ajouter que le mélange d'eau, n'étoit pas toujours fuffifant, pour remplir le commerçant de l'avance à laquelle il étoit contraint par le paiement du double droit. C'eft ce que nous aurons occafion de démontrer plus loin.

Il eft donc vrai de dire, que la déclaration de 1687, en profcrivant le mélange d'eau, néceffitoit ce même mélange, parce que, fans cette reffource, l'impofition du double droit auroit été dérifoire.

Mais cette diftinction de degré, entre les eaux-de-vie, préfentoit d'autres inconvéniens bien plus confidérables, qui entraînoient après eux la ruine de ce commerce.

Pour parvenir à affeoir la perception de ces différens droits, la déclaration de 1687 adopta le moyen tiré de la comparaifon de la liqueur avec d'autres liqueurs, moyen auffi dangereux qu'arbitraire, puifque la preuve dépendoit du choix & de la qualité de la liqueur prife pour objet de comparaifon ; choix abandonné par le fait au fermier & à fes commis, également intéreffés à profiter d'un moyen auffi facile, de faire tourner à leur avantage, le réfultat d'une opération de cette nature. Auffi les premiers effets de cette déclaration, furent-ils, de caufer le plus grand préjudice aux négocians & aux cultivateurs de nos provinces méridionales.

Les marchands de la capitale, fatigués & vexés, ne tiroient que des eaux-de-vie de la plus foible qualité, dans la crainte de fe voir expofés à payer un droit, qui auroit excédé de beaucoup le prix de la vente.

Les

Les étrangers, de leur côté, cefferent leurs achats; la diminution de la confommation devint enfin générale.

Alors l'induftrie, enfant du génie, comme du befoin, offrit fes reffources aux commerçans ainfi qu'aux confommateurs; mais ces reffources, dont le profit ne tournoit qu'à l'avantage général de la nation, & non à celui des fermiers, exciterent leurs murmures & de nouvelles plaintes de leur part, provoquerent de nouveaux réglemens, qui ne firent qu'ajouter aux entraves du commerce.

Cependant le mal augmentant de jour en jour, on s'occupa des moyens d'en arrêter les progrès, & c'eft ce que le confeil fe propofa de faire par un arrêt du 10 avril 1753, portant réglement pour la fabrication des eaux-de-vie dans les provinces de la Rochelle & pays d'Aunis.

Par cet arrêt, il fut ordonné, que les eaux-de-vie de ces provinces deftinées, foit *à la confommation des habitans*, foit à être envoyées à l'étranger, feroient fabriquées *bonnes, marchandes* & recevables de *preuve* femblable *à celles de Cognac*, Aigre, Saint-Jean-d'Angely & provinces voifines. La précaution fut portée, jufqu'à prefcrire aux bouilleurs d'eau-de-vie, la maniere de la fabriquer; on ajouta encore à cette précaution, en établiffant dans les marchés publics des officiers agréeurs & accepteurs, dont les fonctions confiftoient à affurer aux acheteurs la qualité des eaux-de-vie.

Ce réglement autorifoit le fermier à faifir les eaux-de-vie qui ne feroient pas fabriquées bonnes, recevables & marchandes, & de preuve de *Cognac*, & prononçoit des amendes contre les contrevenans.

Il eft de fait que les eaux-de-vie de bonne qualité, *preuve de Cognac*, dont parloit l'arrêt de 1753, n'auroient été regardées comme telles, *qu'autant* que l'*aréometre*, fi l'aréometre *eut été alors en ufage*, y auroit plongé, jufqu'au 23ᵉ degré.

Enfin, à partir de l'époque de l'arrêt de réglement de 1753, la déclaration de 1687 a été fubordonnée aux précautions prifes par le légiflateur, & les eaux-de-vie fimples ont été défignées, fous la dénomination *de preuves de Cognac* : auffi l'exécution de ce réglement fit-elle renaître la confiance, & le commerce reprit faveur.

Mais la nation & le commerce n'ont joui des avantages que la déclaration de 1753 leur avoit procuré, que pendant le temps qui fut néceffaire aux fermiers, pour faire perdre de vue les motifs qui avoient provoqué cette déclaration.

Abufant alors d'une confufion d'objets qu'ils avoient intérêt de laiffer fubfifter, les fermiers firent ufage dans le lieu de la fabrication, de l'arrêt de réglement de 1753 ; & en vertu de l'autorité dont ils étoient dépofitaires, ils obligerent les fabricans à faire de l'eau-de-vie bonne, marchande, de preuve *de Cognac*, & faififfoient celle qui n'avoit pas la qualité requife. Aux entrées de Paris, au contraire, ils s'armerent de la déclaration de 1687, *pour exiger fur ces mêmes eaux-de-vie* le *double* droit, auquel, *d'aprés l'arrêt de réglement de 1753, elles n'étoient point fujettes.*

L'on peut fixer à l'année 1768 les premieres entreprifes des fermiers dans ce genre, entreprifes qui *donnerent naiffance à la fraude aux droits d'entrée de Paris*, & fraude néceffitée, dès-lors, comme on le voit, par les *vexations* des fermiers.

Les conteftations qui s'élevoient journellement, furent, pour les fermiers, le prétexte dont ils fe fervirent pour furprendre de nouveau la religion du confeil. Laiffant dans l'oubli l'arrêt de réglement de 1753, gardant le filence fur le fruit que la nation avoit recueilli de l'exécution de cet arrêt, ils ne parlerent que de la déclaration de 1687, & des fraudes qu'ils accuferent les commerçans de pratiquer, en introduifant dans Paris, fous la dénomination d'eau-de-vie fimple, des eaux-de-vie rectifiées, & en affoibliffant enfuite ces eaux-de-vie par une addition d'eau; les fermiers demanderent en même-temps, à être autorifés à faire ufage d'un aréometre, dont, fuivant eux, les degrés devoient répondre à la quotité de l'impôt auquel les eaux - de - vie avoient été affujetties par la déclaration de 1687.

Les fermiers parvinrent à perfuader que l'ufage d'un aréometre, en rétabliffant l'ordre dans la perception, préviendroit toute fraude aux entrées de Paris, & feroit avantageux au produit de l'impôt; & le 3 août 1771, l'ufage de l'aréometre, préfenté par les fermiers, fut autorifé par des lettres patentes adreffées aux cours fouveraines.

L'exécution de cette nouvelle loi a mis le comble au défordre, en néceffitant la fraude fur toutes les eaux-de-vie dont la force *répondoit* au 22ᵉ degré de l'aréometre.

C'eft donc dans l'examen de cette loi, que l'on trouvera la véritable caufe du tort fait au commerce & au produit de l'impôt.

C'eft dans le préambule même des lettres patentes de 1771 que l'on doit chercher à connoître les intentions de celui qui a dicté la loi, & c'eft là auffi, où l'on puife la preuve des furprifes faites au fouverain; c'eft enfin de cet examen indifpenfable que réfultera la preuve de la néceffité d'abroger la perception actuelle, comme deftructive & du commerce & de l'impôt, & comme l'unique caufe de la fraude, objet de réclamations univerfelles.

B 2

Avant tout , il eſt néceſſaire de rapporter ce qui eſt dit dans le préambule des lettres patentes de 1771 : on y lit : » le roi étant informé qu'il s'éleve chaque jour , depuis plu- » ſieurs années , des conteſtations pour la perception des » droits impoſés ſur l'eau-de-vie , eau-de-vie rectifiée & eſ- » prit-de-vin , *à leur entrée dans la ville de Paris* , par la » difficulté d'en diſtinguer les différentes qualités ; que ces » différentes eſpeces de liqueurs étant aſſujetties à des droits » différens , la plupart des marchands , pour en éluder le » paiement , introduiſent , ſous la dénomination d'eau-de-vie » ſimple , des eaux-de-vie rectifiées ou eſprit-de-vin , qu'i s » réduiſent enfin à un dégré de force convenable par d^{e}s » mélanges d'eau , qui , en atténuent la qualité. Qu'indépen » damment de ce que des eaux-de-vie ainſi affoiblies , ne » ſont point *ſuffiſantes* pour *réparer* les *forces* de ceux qui ſot » dans l'habitude d'en faire uſage (1) , & les obligent à une » conſommarion plus conſidérable , il eſt reconnu qu'elles » ſont dangereuſes pour le panſement des plaies ; que ces » conſidérations avoient déterminé les défenſes portées par » la déclaration du 29 décembre 1687 , à faire aucun mé- » lange d'eau dans les eaux-de-vie , à peine de confiſcation , » 1000 livres d'amende , & du quadruple , en cas de ré- » cidive ; que ces défenſes n'étoient plus ſuffiſantes pour » réprimer un abus auſſi contraire *à la bonne foi* , qui fait » la baſe du commerce , à l'intérêt du roi & *à la ſanté des* » *citoyens* , ſa majeſté auroit fait rechercher les moyens les » plus ſûrs pour les faire ceſſer ; que dans le nombre de

---

(1) Lors de l'établiſſement de l'impôt , le fermier prétendoit au contraire que cette liqueur étoit nuiſible à la ſanté des citoyens , & préſentoit l'impôt comme un moyen d'en reſtraindre la conſommation.

» ceux qui ont été prépofés , il ne s'en eſt pas trouvé de
» plus ſimple & de plus certain , que l'emploi des nouveaux
» aréometres ou peſe-liqueurs *inventés* & exécutés par le
» ſieur Cartier ; que ſa majeſté en ayant renvoyé l'examen
» à l'académie royale des ſciences de Paris , il a été reconnu
» que les aréometres ou peſe-liqueurs gradués s'enfoncent
» jufqu'au vingt-deuxieme dégré dans l'eau-de-vie ſimple ,
» depuis & compris le vingt-deuxieme dégré jufqu'au trente-
» quatrieme dégré dans l'eau-de-vie rectifiée , & depuis &
» compris le trente-quatrieme & au-deſſus dans l'eſprit-de-
» vin (1) ; que cette découverte déterminera d'une façon
» précife la différence des liqueurs , préviendra tout mé-
» lange , & réunira le double avantage de prévenir la
» fraude des droits & les dangers auxquels l'altération ex-
» pofe la ſanté des citoyens. A ces caufes , &c.

Il faut le dire, chaque phraſe , chaque mot , dont ce
préambule eſt compofé , font autant de preuves des ſur-
prifes faites au ſouverain , au moyen defquelles on eſt parvenu à donner à la loi, un effet contraire aux motifs de juſtice
& de bienfaifance du légiſlateur.

On taxe d'abord les commerçans de Paris d'être les auteurs des difficultés qui ſubſiſtoient depuis pluſieurs années,
& l'on ſuppofe qu'elles n'avoient d'autre ſource , que les
moyens qu'ils employoient, pour ſe ſouſtraire au double droit;
c'eſt ainſi que par de faux expofés , les fermiers parviennent

---

(1) L'académie n'a dit autre chofe, ſinon que l'ufage de l'aréometre n'étoit pas
nouveau; que cet inſtrument avoit été donné par d'autres & avant le ſieur Cartier;
& qu'au furplus, ces inſtrumens étoient propres à déterminer les différentes *qua-*
lités des eaux-de-vie du commerce, mais l'académie n'a *parlé en aucune façon* du rapport
que les *degrés* de l'aréometre, pour déterminer la qualité des eaux-de-vie du commerce , *avoient* avec l'impôt.

à furprendre des loix , dont l'objet fecret , eft de légitimer leurs injuftices.

Les difficultés annoncées dans ce préambule , injuftement attribuées aux commerçans de la capitale, avoient pour auteurs les fermiers généraux eux-mêmes , eux feuls s'étoient écartés de la regle , & avoient abufé des fages précautions prifes de la part du gouvernement.

Pour s'en convaincre , il faut rappeller ce que nous avons dit au fujet de l'arrêt de réglement du mois d'avril 1753. L'on a vu que cet arrêt , en affujettiffant les bouilleurs à faire des eaux-de-vie *de bonne qualité*, avoit eu pour objet de rendre au commerce d'eau-de-vie , la faveur qu'il avoit perdue. Nous avons fait voir que l'effet de cette fage précaution , avoit pleinement répondu aux intentions du gouvernement. Mais cet arrêt de réglement avoit , ainfi qu'il a été également obfervé , implicitement fubordonné la déclaration de 1687 aux difpofitions qu'il renfermoit, c'eft-à-dire, que les diftinctions établies par la déclaration de 1687 , relativement aux différens degrés de force d'eau-de-vie , fe trouvoient foumifes aux regles preferites par l'arrêt de 1753. Enfin , à cette derniere époque, les eaux-de-vie fimples, qui, aux termes de la déclaration de 1687 , ne devoient payer que le fimple droit, *devoient être* celles dont l'arrêt de réglement de 1753 *prefcrivoit* la fabrication aux bouilleurs fous la *dénomination d'eaux-de-vie marchandes & de bonne qualité.*

Tant que les fermiers fe font renfermés dans ce qui avoit été preferit par cette nouvelle loi, le commerce a joui tranquillement des avantages qu'elle lui avoit procurés, & il ne fe *commettoit* point de *fraude* aux *entrées* de Paris. Mais l'inftant où ils s'en font écartés, a été celui, des difficultés rappellées par le préambule des lettres patentes de 1771 , c’eſt-à-dire, lorſqu’ils ont exigé aux *entrées* de Paris *le double droit* ſur les eaux-de-vie *ordinaires bonnes & marchandes , fabriquées en exécution de l’Arrêt de réglement de 1753.*

Au ſurplus, les autres motifs annoncés dans le préambule des lettres patentes de 1771 , avoient également provoqué la déclaration de 1687. La diſtinction établie par cette premiere loi, entre les différens degrés d’eau-de-vie , étoit la même que celle fixée par ces lettres patentes. Nous avons démontré que la déclaration de 1687 avoit cauſé un préjudice notable au commerce d’eau-de-vie. Ce qui eſt porté par les lettres patentes de 1771 ne préſente donc que la répétition de principes, dont la baſe, n’eſt autre, qu’une erreur de fait, à la faveur de laquelle, les fermiers, ont ſurpris le conſeil en 1771 , comme ils l’avoient fait en 1687.

Une remarque eſſentielle à faire, eſt, que d’après les lettres patentes de 1771 , l’uſage de l’aréometre ne devoit *avoir lieu qu’aux entrées de Paris* ſeulement ; de ſorte que les diſpoſitions de l’arrêt de réglement de 1753 , devoient continuer à ſervir de regle pour le commerce des eaux-de-vie dans l’étendue du royaume , ainſi que pour la perception des droits ; mais les fermiers , enhardis par leurs premiers ſuccès , ne tarderent pas à prétendre que l’aréometre devoit être la regle générale de la perception , ſoit dans les lieux de fabrication , ſoit dans les provinces ſujettes aux droits d’aides, ſoit même en matiere de traite ; & pour vaincre la réſiſtance qu’ils éprouvoient de la part des fabricans & des commerçans de toutes les claſſes, les fermiers ont ſollicité & obtenu, le 13 février 1782 , des lettres patentes, qui ont étendu au commerce des provinces du royaume , l’uſage de l’aréometre pour déterminer la perception.

Depuis cet inftant, les bouilleurs d'eau-de-vie ont été inquiétés & vexés de mille manieres de la part des régiffeurs généraux des droits d'aides, & ces régiffeurs ont porté l'exaction jufqu'à exiger le paiement double & triple, des droits de jauge & courtage & courtiers jaugeurs, droits qui, par l'édit de leur création, ne peuvent être fufceptibles d'être perçus que *fimples*, conformément aux tarifs annexés à cet édit.

Les tribunaux des provinces retentiffent des réclamations des commerçans, & déja plufieurs bouilleurs ont ceffé leurs travaux, comme le feul moyen de fe fouftraire à leur ruine.

Cependant, en 1784, le roi s'eft occupé du foin de venir au fecours du commerce, dirigé par les lumieres fupérieures du miniftre de fes finances, fa majefté s'eft propofé de rendre au commerce politique de la nation, l'activité néceffaire à fa profpérité, fa majefté a reconnu que le droit de traite, de charente & autres, étoient deftructifs du commerce des provinces de fon royaume avec l'étranger, en conféquence le roi a affranchi, par un arrêt de fon confeil du 20 juillet de la même année, les eaux-de-vie & efprit de vin, fortant du royaume pour l'étranger ou pour les ports francs établis à l'inftar de l'étranger, de tous droits de traite & de péages.

Cet acte de la bienfaifance du fouverain, a fait renaître l'efpérance dans les provinces méridionales; mais les maîtres & gardes du corps de l'épicerie, croient s'acquitter de leur devoir, en profitant de l'occafion que leur fournit l'arrêt du 21 juillet 1784, pour préfenter quelques réflexions fur les obftacles qui s'oppofent à ce que la nation recueille tout le fruit qu'elle doit attendre, d'une opération auffi falutaire,

taire, & qui doit faire époque dans l'hiſtoire du commerce de la France.

Nous avons annoncé en commençant que dans l'origine, la fabrication des eaux-de-vie, n'étoit connue qu'en France, & que le débit le plus conſidérable de cette liqueur ſe faiſoit à l'étranger; mais nous avons obſervé enſuite que l'augmentation progreſſive des impôts, & les entraves miſes au commerce, avoient excité l'induſtrie étrangere; que cettein duſtrie étrangere, étoit parvenue à un tel point, que, non-ſeulement elle s'étoit emparée du commerce que nous faiſions avec l'étranger, mais de plus, qu'elle nous vendoit à ſon tour, cette même denrée que notre ſol produiſoit avec abondance.

Le mal eſt aujourd'hui à ſon comble, & des maiſons Angloiſes, Irlandoiſes, Danoiſes, Françoiſes même, établies à Barcelone, ſont parvenues à attirer & à s'aſſocier des fabricans de la Xaintonge, & ces fabricans ont même emmené avec eux des ouvriers experts, & juſqu'à des tonneliers, pour que rien ne manquât à la reſſemblance des eaux-de-vie d'Eſpagne à celles fabriquées en France, & ces maiſons de commerce n'ont malheureuſement que trop bien réuſſi.

Le gouvernement Eſpagnol, de ſon côté, a mis en uſage tous les moyens capables de procurer la plus grande faveur à cette branche de commerce, & ſon attention a été juſqu'à attacher des récompenſes aux exportations.

De ce concours de moyens, il eſt réſulté, que les eaux-de-vie d'Eſpagne ont atteint la perfeſtion des nôtres, & que celles que la Catalogne fournit au commerce de France, revenant à un moindre prix, le bon marché a porté les

C

marchands de Paris même, à leur donner la préférence sur celles de France.

L'on peut ajouter, avec vérité, que depuis 1768, Barcelone a fourni la plus grande quantité des eaux-de-vie qui se sont consommées dans la Normandie, la Picardie, la Flandre, & dans toutes les provinces du nord de la France.

Une des causes de l'avantage que les commerçans de l'Espagne ont sur ceux de nos provinces méridionales, se puise dans le droit de traite de Charente que l'on perçoit sur les eaux-de-vie qui sont expédiées pour l'intérieur du royaume (1); & il est évident que si le gouvernement étendoit au commerce intérieur des provinces des cinq grosses fermes, l'exemption de la traite de Charente, prononcée par l'arrêt du 21 juillet 1784, en faveur du commerce étranger, alors les commerçans de l'intérieur des cinq grosses fermes, ne seroient point réduits, à la nécessité de donner la préférence aux eaux-de-vie d'Espagne, & le gouvernement procureroit, par cette opération, la plus grande faveur possible à la culture des vignes de nos provinces méridionales (2).

---

(1) Les eaux-de-vie de la Xaintonge paient 16 liv. & plus, pour entrer dans l'intérieur du royaume, lorsqu'elles sont destinées pour un pays d'aides, & plus de 24 liv. es quand elles sont destinées pour une province où les aides n'ont pas cours, droits que ne paient point les eaux-de-vie d'Espagne.

(2) Les provinces de la Xaintonge & de l'Angoumois sont nécessitées à la culture de la vigne par la nature de leur terrein; le blé y est toujours à un prix plus haut que par-tout ailleurs; ainsi les cultivateurs seroient suffisamment excités à préférer la culture du blé à celle de la vigne, mais ce n'est que la plus petite partie qui puisse être susceptible de cette culture, puisqu'on ne peut recueillir de blé sur des rochers ou des côteaux dénués de terre végétable. A remarquer que le droit de traite de Charente, qui subsiste sur le commerce intérieur du royaume,

Au furplus, la plus grande liberté , procurée à la fabrication & à la vente, dans les lieux de fabrication, donnera feule au commerce nationnal, l'avantage fur celui de l'Efpagne.

Cette liberté ne pourra exifter, qu'autant que l'on abrogera & la déclaration de 1687 & les lettres patentes du 13 février 1782.

Des fimples précautions, prifes dans les lieux de fabrication, pour affurer la deftination des eaux-de-vie qui en font expédiées, en affurant la perception des droits, laifferoient au commerce, la liberté dont il eft privé, & fans laquelle on fe flatteroit en vain de lui rendre la faveur qu'il a perdue.

Les maîtres & gardes du corps de l'Epicerie termineront leurs repréfentations, par quelques réflexions, fur les inconvéniens, qui réfultent de la perception des droits fur les eaux-de-vie, déterminée par les différens degrés d'un aréometre ; inconvéniens que l'on doit regarder comme l'unique caufe de la fraude qui a lieu aux entrées de Paris,

---

ne produit pas un fou : la raifon eft , que ce droit étant exorbitant , le commerce de l'intérieur , ne tire des eaux de-vie que de l'Angoumois , parce que ces eaux-de vie n'ont point à paffer la ligne de démarcation, mais il en réfuite des inconvéniens poui le bien public , en ce que l'on embarque ces mêmes eaux-de-vie à Chatelleraut, pour les faire venir par la Loire, & que le plus fouvent la contrariété des vents, le défaut d'eau , les glaces ou au res intempéries, retiennent les bateaux plufieurs mois & quelquefois près d'une année. De là des coulages énormes, des retards & des frais de toute nature ; fi au contraire l'affranchiffement de la traite de Charente avoit lieu pour l'intérieur du royaume, la traite des eaux-de-vie fe feroit par mer, alors il n'y auroit ni retard , ni perte , ni frais extraordinaires, l'on épargneroit l'emploi d'un nombre infini de chevaux, l'on n'écraferoit point les grandes routes, & en augmentant le cabotage, l'on procureroit à la marine, un nombre confidérable d'éleves, ce qui feroit un avantage inappréciable.

C 2

& ils proposeront en même tems un moyen propre à établir une perception plus avantageuse au produit de l'impôt, & moins onéreuse au commerce & aux consommateurs.

Dans le nombre des inconvéniens qu'entraîne après lui l'impôt sur la marchandise, le plus dangereux pour le commerce, est l'incertitude de la quotité du droit qui sera perçu. Toute spéculation raisonnable, ne peut se faire, que lorsque l'on connoît la somme à laquelle se monteront les frais de la marchandise, qu'on projette de faire venir, & lorsque l'incertitude est telle, qu'il n'y a pas moyen de fixer cette somme, c'est le comble de l'imprudence de se livrer à un commerce, qui peut occasionner la ruine du négociant le plus intelligent.

Tel est le cas dans lequel se trouvent les commerçans de la ville de Paris, depuis que la perception des droits sur l'eau-de-vie, se fait par le moyen d'un aréometre.

L'on n'a consulté aucune regle dans l'admission de ce moyen. Le fermier a voulu, & les loix de la physique ont impuissamment réclamé ; la raison s'est tû, ou l'on a su rendre ses efforts impuissans. Mais la vérité va se faire entendre ; & comme ses droits sont imprescriptibles, il est impossible que, dans des jours heureux, ils soient plus long-tems méconnus.

A-t-on jamais cru sérieusement que le public avoit un intérêt réel, à ce que les eaux-de-vie entrassent dans Paris fortes ou foibles ? A-t-on cru véritablement, que de l'esprit, affoibli par de l'eau, fût moins propre pour les usages de la médecine & de la chirurgie, que de l'eau-de-vie affoiblie par une distillation, poussée au point de faire monter l'eau de végétation, avec l'esprit, déja passé dans le récipient ?

On a prouvé mille & mille fois, de mille & mille manieres, que l'efprit ardent eft un être très-fimple, que de
quelque matiere qu'il provienne, il n'eft toujours que de
l'efprit ardent, diffolvant général de toutes les matieres
réfineufes, prêt à fe joindre à tous les flegmes, & conféquemment, ne pouvant contracter de qualité dangereufe,
que par fon union à des matieres hétérogenes : or, de
toutes les matieres qui peuvent fe joindre à l'efprit-de-vin,
l'eau eft la plus pure ; & par un phénomene particulier à
ce mélange, l'eau fe dépure, par fon union à l'efprit-de-
vin, de maniere à fe débarraffer des matieres minérales
qu'elle tiendroit en diffolution.

Dans la pratique, il eft rare, que l'on emploie de l'efprit-de-vin, pour la curation des maladies ; il eft très-rare
auffi, qu'on y emploie de l'eau-de-vie de la même force
que celle qui fe débite pour la boiffon : ainfi tout l'étalage
que l'on a fait fur les dangers du mélange de l'eau avec
de l'efprit-de-vin, eft en pure perte, & n'eft que ridicule.
En confidérant l'eau-de-vie comme boiffon, on ne voit pas
quel mal on fait au public, en lui vendant forte ou foible.
Premierement toute boiffon fpiritueufe, eft le plus dangereux des alimens, que l'intempérance de l'homme, lui ait
fait rechercher ; & plus l'eau-de-vie eft mêlée d'eau, moins
elle fait de mal à celui qui a contracté la malheureufe
habitude de faire ufage de cette liqueur incendiaire (habitude dont les progrès, foit dit en paffant, doivent être
attribués à *l'impôt exceffif mis fur le vin*).

C'eft en employant le feu avec toute fa violence, qu'on
parvient à décompofer le vin, & peut-être même à faire
naître l'eau-de-vie. Si donc l'eau-de-vie eft un produit
de l'art, pourquoi l'art ne pousseroit-il point la perfection

de cette liqueur, au dernier des degrés, dont elle eſt ſuſceptible ?

Extraire du vin ſa partie ſpiritueuſe, l'extraire très-pure, n'eſt-ce pas le dernier degré de perfection, auquel la chymie puiſſe parvenir ? En faire une boiſſon la plus agréable & la moins nuiſible, n'eſt-ce pas tout ce que l'on eſt en droit d'attendre du fabriquant ? Epargner les frais, au point, que le prix de la denrée ſoit le moindre poſſible , n'eſt-ce pas ce que l'on eſt en droit d'attendre de la part du négociant ?

Tous ces avantages ſont une ſuite néceſſaire de la traite dese aux-de-vie fortes , puiſqu'une conſéquence de cette maniere d'importer l'eau-de-vie, eſt de l'avoir pure, de meilleur goût, & d'épargner des ſommes conſidérables ſur la voiture, les tonneaux, les réceptions, les emmagaſinages, &c., & ces épargnes tournent toutes au profit des conſommateurs, puiſqu'elles diſpenſent les commerçans d'avances de ſommes notables , dont, en derniere analyſe, le conſommateur paie le capital & les intérêts (1).

Il eſt certain que le gouvernement, n'a jamais entendu que le commerce fût privé du droit de faire valoir ſon induſtrie dans toute ſon étendue, toutes les fois ſur-tout, que cette induſtrie, n'a pas eu pour objet, de frauder indirectement les impoſitions. Cependant l'effet de la déclaration de 1687, premiere loi qui ait établi trois claſſes d'eaux-de-vie, ſimple, double & rectifiée, a été l'équivalent d'une véritable prohibition, & la raiſon eſt que ces dénominations répugnoient à la proportion de la quantité d'eſprit

____

(1) Ces épargnes tournent également à l'avantage du commerce politique de la nation.

contenue dans l'eau - de - vie, ou, pour parler plus claire-
ment, l'impôt, déterminé d'après ces dénominations, excé-
doit infiniment la valeur de l'eau-de-vie appellée *double* ou
rectifiée.

Dans toutes les opérations relatives aux impofitions, fur
lefquelles le fermier n'a eu aucune influence, le gouvernement a fenti la vérité de cette propofition, que la Décla-
tion de 1687 (& ceci s'applique aux lettres-patentes de
1771 & 1772), en doublant & triplant les droits fur
les trois claffes d'eaux-de-vie qu'elle indiquoit, ne pouvoit
avoir qu'un effet prohibitif; auffi les droits établis depuis,
& étrangers à la perception des droits affermés à l'adjudicataire des fermes, ont-ils été tarifés dans une proportion
approchant relative à la qualité de l'eau-de-vie.

En 1730, le roi a établi des charges d'effayeurs-
vifiteurs, contrôleurs & commiffaires fur les ports, quais
& halles. Dans le tarif des droits accordés à ces officiers,
l'eau-de-vie fimple eft taxée à 23 livres 2 fols la double,
ou rectifiée, à 31 livres 2 fols, & l'efprit-de-vin à
44 livres 2 fols.

Par le tarif annexé à l'édit de 1767, qui accorde un
octroi à la ville, (1) l'eau-de-vie fimple eft tarifée à
18 livres, la double à 24 livres, l'efprit-de-vin à 33 liv.
15 fols, & une fraction.

Le don gratuit extraordinaire établi en 1758, pro-
rogé par l'édit d'avril 1768, fixe à 10 livres le droit fur
l'eau-de-vie fimple, à 13 livres 6 fols 8 deniers fur l'eau-

______

(1) Cet octroi étoit compofé, favoir, des droits rétablis fixés à 8 livres pour
l'eau-de-vie fimple, 10 livres 13 fols 4 deniers pour la double, & à 15 livres
pour l'efprit-de-vin du premier don gratuit fixé à 10 livres fur l'eau-de-vie fimple,
13 livres 6 fols 8 deniers fur la double, & 18 livres 15 fols fur l'efprit de vin.

de-vie double ou rectifiée, & à 18 livres 15 fols fur l'efprit-de-vin.

On voit par-là que toutes les fois que le confeil n'a
pas été furpris par les fermiers généraux, la qualité de
l'eau-de-vie, a fervi de bafe au tarif des droits impofés.

Les droits établis avant la déclaration de 1687 ont été
doublés, parce qu'ils étoient affermés aux fermiers généraux; mais les droits patrimoniaux de la ville, n'ont fubi
aucun changement; de maniere que la ville perçoit le
même droit indiftinctement fur toutes les qualités d'eau-
de-vie.

Ceux établis en 1730 ont été fimplement établis dans
cette proportion 18, 24, 33, comme il eft aifé de s'en
convaincre par la quotité des droits impofés fous la dénomination d'octroi, qui eft 18 livres, 24 livres, 33 livres
15 fols, & une fraction. Il en eft de même du don gratuit
extraordinaire, qui eft 10 livres, 13 livres 6 fols 8 den.,
& 18 livres 15 fols.

Tous ces impôts font précifément dans la même proportion l'un que l'autre, proportion qui eft dans un rapport
très-approchant, de celle des officiers vifiteurs-effayeurs &
commiffaires; la petite différence qui fe trouve dans la
proportion des droits attribués à ces officiers, provient de
ce qu'on a compris dans ces droits, quelques falaires pour
la manœuvre des pieces.

Pourquoi donc le même droit ? Car par la réunion des
droits aux entrées de Paris, tous ces droits n'en forment
plus qu'un. Pourquoi donc y auroit-il eu deux principes
dans la confection du tarif de ce droit ? & pourquoi les
trois claffes d'eau-de-vie dans la partie du tarif qui regarde
ces fermiers feroient-elles dans cette proportion 24, 48,
72,

72 , & dans la partie qui concerne la régie du Roi, celle de la ville & celle des différens offices qui ont été réunis au domaine de la ville, dans cette proportion 24, 32, 45? N'est-il pas évident, que ces deux proportions, ne partent pas du même principe? Que dans l'une, le conseil a été induit en erreur par les fermiers, & que dans l'autre on a établi les tarifs d'après des *données* que l'on avoit fous les yeux, *données prifes dans la nature de la chofe même.*

Pour prouver que la proportion de 24 à 45 pour l'efprit-de-vin, eft jufte, que l'on prenne quarante-cinq pintes d'eau-de-vie de Cognac de *bonne preuve*, on en tirera vingt-quatre pintes d'efprit-de-vin rectifié, encore faudra-t-il employer dans l'opération, la main d'un artifte intelligent. Donc la proportion de 24 à 45 eft la plus forte poffible, pour affeoir la quotité du droit de l'efprit-de-vin, comparé avec de l'eau-de-vie.

Pour prouver encore la proportion de 24 à 32 pour les eaux-de-vie rectifiées, qu'on prenne partie égale de dif-férentes pieces d'eau-de-vie forte, telle que les marchands la font venir, & à fon arrivée au port, & qu'on ajoute huit parties d'eau à vingt-quatre pintes de cette même eau-de-vie, on verra que ce mêlange eft tout au plus égal en force, à ce qu'on appelle de l'eau-de-vie loyale & mar-chande.

L'efprit-de-vin a des caracteres auxquels il eft impoffible de le méconnoître, c'eft un efprit ardent, déflegmé autant que l'art a pu le faire; l'épreuve la plus fimple, la moins fujette à inconvéniens, eft qu'il ne diffolve point l'alkali fixe bien defféché. On pourroit propofer d'autres moyens de l'éprouver, mais ils feroient tous fujets à des inconvé-niens. L'eau-de-vie, la plus forte poffible, atteint fans doute

D

de très-près l'efprit-de-vin ; mais l'induftrie humaine a des bornes qu'elle ne peut franchir, & il eft de fait que les marchands ne font point entrer de l'eau-de-vie la plus forte poffible, même à préfent, que l'on exige d'eux un droit exorbitant. La raifon en eft fimple, c'eft que la main-d'œuvre excéderoit le profit. Un payfan brûleur, entend parfaitement à remettre de l'eau-de-vie dans une chaudiere pour en faire de l'eau-de-vie rectifiée ; au lieu que pour parvenir au degré de la plus grande force, il faut & des artiftes & des inftrumens, & ces opérations fe font à Paris.

Le fait que les marchands ne tirent pas de l'eau-de-vie jufqu'au trente-quatrieme degré, quoique rien ne s'oppofe à cette liberté, & que même ils y font engagés par l'excès de l'impôt ; ce fait, difons-nous, eft le garant le plus certain qu'on puiffe avoir des bornes dans lefquelles ce commerce eft circonfcrit à cet égard.

Les inconvéniens du pefe-liqueur (l'aréometre) font fans nombre, il n'eft perfonne qui ait quelque connoiffance en phyfique, qui en puiffe difconvenir. Rien n'eft plus ridicule que de voir un commis ignorant, armé d'un inftrument de phyfique, auffi délicat que l'aréometre, fe permettre de fixer le degré de fpirituofité des liqueurs, tandis que le phyficien le plus expérimenté, en prenant des précautions, qui ne peuvent être qu'à fa portée, & après des calculs infinis, ne pourroit qu'indiquer un degré approchant & incertain.

Cependant la plus petite erreur expofe le commerçant à payer le double ou le triple droit.

Si le défaut de capacité du commis ; fi l'imperfection de l'inftrument ; (1) fi enfin l'impoffibilité phyfique ne fe

---

(1) Aucun des pefe-liqueurs qui font entre les mains des commis, ne fe rap-

réuniſſoient pas, pour prouver, que l'uſage de l'aréometre, donne des réſultats incertains, la ſeule raiſon que le fer-mier devient, au moyen de cet inſtrument, l'arbitre ſou-verain, de la quotité du droit, ne ſeroit-elle pas ſuffiſante pour en faire proſcrire l'uſage ?

Mais une raiſon plus forte encore, eſt celle qui réſulte de la diſproportion énorme qui exiſte entre l'impôt déter-miné par des degrés de l'aréometre, & la valeur de la liqueur impoſée.

L'on ſe rappelle que d'après les lettres-patentes de 1771, le degré de l'aréometre de Cartier auquel, l'eau-de-vie ceſſe d'être qualifiée d'eau-de-vie ſimple, eſt le vingt-deuxieme, & alors le fermier exige le paiement du double droit ; c'eſt-à-dire qu'il perçoit vingt-deux ſols, au lieu de onze ſols ſur une pinte d'eau-de-vie, & cette pinte d'eau-de-vie, dans laquelle l'aréometre s'enfonce juſqu'au vingt-deuxieme degré, n'a pas d'autre valeur, que celle, dans laquelle, le peſe - liqueur n'a enfoncé que juſqu'au vingt - unieme trois-quarts degré, & cette valeur eſt de ſept ſols, prix ordinaire, achat & frais compris. Cette démonſtration ſuffit pour faire connoître l'injuſtice de la perception, & pour prouver que la fraude qui ſe commet aux entrées de Paris a pour unique cauſe l'excès de l'impôt, & qu'enfin le ſeul moyen capable de détruire cette fraude, eſt d'en anéantir la cauſe. (1)

---

portent entr'eux ; & en preuve des erreurs inſéparables des vérifications faites par le moyen d'un aréometre, l'on met en fait, qu'aucun des aréometres depoſés pour matrice dans les greffes de la cour des aides, de l'élection & de l'hôtel-de-ville, ne ſe rapporteroient même entr'eux, & c'eſt ce qu'il eſt facile de vérifier.

(1) Pour acquérir une preuve complette du tort que l'édit de 1771 a opéré par le doublement de l'impôt ſur les eaux-de-vie qualifiées d'eau-de-vie double, l'on peut

Et un expédient fûr pour prévenir tous les abus, pour concilier tant d'intérêts oppofés, feroit de n'admettre que deux degrés de force, dans les liqueurs fpiritueufes ; l'un feroit l'efprit-de-vin à l'épreuve de l'alkali fixe ; l'autre feroit l'eau-de-vie, à tel degré de force que ce foit, pourvu qu'elle ne fût point efprit-de-vin, & d'impofer l'eau-de-vie à un droit uniforme & proportionnel à la force à laquelle le commerce aura la faculté de faire entrer l'eau-de-vie dans Paris.

Or cette proportion eft toute faite ; que l'on prenne celle des droits d'octrois, de don gratuit & d'officiers vifiteurs, c'eft-à-dire que l'on augmente d'un tiers, les droits que les fermiers perçoivent fur l'eau-de-vie fimple, & cette augmentation fera la fomme proportionnelle des droits à payer pour toute eau-de-vie fans diftinction (1).

Que l'on ajoute les trois quarts du droit fimple, & l'on trouvera la proportion du droit que devra payer l'efprit-de-vin. Alors les droits du roi feront affurés ; le commerce récupérera la liberté & la fécurité, & il n'y aura plus ni aréomettre, ni procès ni fraude, & il n'y auroit d'autre changement à faire, quant aux parties qui intéreffent la régie des octrois de la ville, que de fupprimer le droit fimple, & de ftatuer que toutes les eaux-de-vie paieront, pour droits municipaux, la quotité déja établie fur l'eau-de-vie double, & que les efprits-de-vin paieront à la ville les mêmes droits qu'ils paient actuellement.

---

confulter le produit des années à partir de 1765 à 1770, de 1775 à 1780, & l'on trouvera une diminution confidérable dans ce produit.

(1) Soit aux entrées de Paris, foit à leur arrivée dans le plat pays ou dans la banlieue.

La fixation des droits à percevoir par le fermier, feroit
alors dans la même proportion, que celle établie pour la
ville de Paris, proportion d'autant plus équitable, qu'il eft
de fait que les eaux-de-vie prétendues doubles, c'eft-à-dire
celles dont la force répond aux 3 2, 3 3 & 3 4ᵉ degrés de
l'aréometre, n'excedent réellement en force les eaux-de-vie
potables, que d'un tiers au plus.

Les vues de juftice & de bienfaifance qui animent le
gouvernement, ont engagé les maîtres & gardes du corps
de l'épicerie à mettre fous fes yeux un projet dont la réuf-
fite remédieroit infailliblement à un grand nombre de maux.
Le commerçant feroit tranquillement & avec certitude le
tabieau de fes fpéculations ; il n'auroit plus à craindre les
effets de l'ignorance, de la mauvaife foi, de l'infidélité ou
de la mauvaife velcnté & de la haine même d'un Commis.

Le commerce eft d'autant plus encouragé à préfenter
cette maniere de percevoir l'impôt fur l'eau-de-vie, que
dans une circonftance tout-à-fait femblable, fur le fait des
fers-blancs, le Confeil s'eft porté de lui-même à confondre
par un droit moyen, la double perception qui fe faifoit fur
les fers-blancs fimples & doubles. Depuis ce tems, il n'y a
plus eu de réclamation de la part du commerce, ni de vexa-
tion de la part du fermier, & les négocians qui fe livrent à
cette branche de commerce, ne redoutent plus la concur-
rence de ceux de leurs confreres, qui avoient l'adreffe de fe
fouftraire au double droit.

Les intérêts du roi feroient parfaitement intacts, puifque, comme nous l'avons prouvé, les eaux-de-vie paie-
roient dans la vraie proportion de la quantité d'efprit qu'elles
contiennent, & l'impôt de l'efprit-de-vin cefferoit d'être
illufoire, ou plutôt cefferoit, d'être, entre les mains du fer-

mier, un épouventail, dont il menace les négocians, toutes les fois que les chaleurs de la canicule, en raréfiant les eaux-de-vie, excite fa cupidité, à les métamorphofer en efprit-de-vin.

L'adminiftration municipale de la ville de Paris n'auroit à percevoir qu'un droit fixe, non litigieux, dans une proportion qui lui feroit favorable, en même tems qu'elle tranquilliferoit & feroit profpérer le commerce, auquel elle doit fa protection à tant de titres.

Délibéré à Paris ce 4 Septembre 1785. Signé DARIGRAND.

A PARIS, chez P. G. SIMON, & N. H. NYON, Imprimeurs du Parlement *rue Mignon.*